# Mini-Kuchen

AUTORIN: CORNELIA SCHINHARL | FOTOS: WOLFGANG SCHARDT

# Praxistipps



# Extra

# Rezepte

## 8 Schokoladig & cremig



## 28 Fruchtig & leicht



## 48 Herzhaft & knusprig

# Mini-Kuchen schnell und einfach backen

*Ob zum Kaffee oder Tee, als kleine Belohnung oder als feines Dessert – Mini-Kuchen sind immer willkommen. Mit diesen Tipps gelingen die Minis stets perfekt.*

Gebäck mit **Butter** bekommt einen feinen, nussartigen Geschmack. Noch intensiver wird dieser, wenn die Butter geschmolzen und ganz leicht gebräunt wird. Sauerrahmbutter schmeckt etwas kräftiger als Süßrahmbutter. Wer keine Butter verwenden möchte, kann sie durch pflanzliche Margarine ersetzen.

Rührteige brauchen viel **Feuchtigkeit,** damit sie lange frisch bleiben. Eier und Milch spielen dabei die Hauptrolle. Aber auch Quark, Buttermilch, saure Sahne, etwas Alkohol wie Rum, Sherry oder Wein und schließlich Früchte machen den Kuchen saftig.

**Silikonformen** sind so weich und flexibel, dass sich das Gebäck ganz einfach herauslösen lässt, ohne dass man die Form fetten muss. Silikon leitet aber die Wärme nicht so gut wie Schwarzblech. Die Kuchen bekommen also keine feste Kruste. Wer darauf nicht verzichten möchte, kann die Formen zusätzlich fetten. Bevor Sie den Teig in die weichen Formen einfüllen, stellen Sie diese schon auf den Gitterrost des Backofens. So können Sie die Formen bequem und **sicher in den Ofen** schieben.

Die Mini-Kuchenförmchen haben **Vertiefungen von 100 ml Inhalt.** Denken Sie daran, wenn Sie einmal andere Förmchen oder Bleche benutzen, zu prüfen, ob das Volumen übereinstimmt.

Natürlich sollten Sie **bei Verwendung anderer Förmchen** dann die Vertiefungen unbedingt fetten und gegebenenfalls mit Mehl ausstreuen.

**Zum Füllen** der Förmchen den Rührteig (und den flüssigen Hefeteig von Seite 20) am besten mit einem Esslöffel in die Vertiefungen geben. Die festen Hefeteige können Sie mit bemehlten Händen portionieren und zu kleinen Laiben formen.

Auch **nach dem Backen** ist der Teig in der Silikonform eher weich. Damit Sie die Kuchen beim Herausnehmen aus dem Ofen nicht zusammendrücken und sie ihre schöne Form behalten, holen Sie die Formen am besten mit einem Pfannenwender oder Tortenheber heraus.

**Die richtige Menge:** Die Minis sind so klein, dass jeder mindestens zwei davon genießen kann. Mit zwölf Küchlein können Sie also vier oder sechs Personen erfreuen. Wenn Sie doch einmal nur **die halbe Menge,** also nur sechs Kuchen backen wollen, halbieren Sie die Mengen für Mehl, Zucker und Butter. Bei den Eiern machen Sie es so: Sind im Rezept drei Eier angegeben, nehmen Sie für sechs Mini-Kuchen ein ganzes Ei und ein Eigelb.

Wenn Sie einmal einen **großen Kuchen** aus Rühr- oder Hefeteig backen wollen, bereiten Sie die 1,5-fache Menge Teig zu und füllen ihn entweder in eine Springform von 26 cm Durchmesser oder in eine Kastenform von 30 cm Länge. Die Backzeit in der großen Form beträgt etwa 45 Min. Machen Sie aber immer die Stäbchenprobe. Brote können Sie ebenfalls in der großen Kastenform zubereiten. Sie brauchen etwa 1 Std. Backzeit.

# Formenvielfalt

**Feste Papierförmchen** haben ebenfalls 100 ml Inhalt und sind zum Backen und Verschenken gedacht. Die Förmchen haben eine Antihaftbeschichtung und werden nur einmal verwendet. Sie bekommen sie mit schönen Mustern in gut sortierten Haushaltswarengeschäften, aber auch im Internet bei Spezialanbietern. Ebenfalls möglich: Papier-Muffin-Förmchen. Davon aber für mehr Stabilität immer zwei ineinander stellen.

Feste Papierförmchen

Muffinbleche

**Muffinbleche** Die Mulden der meisten Muffinbleche haben einen Inhalt von 100 ml und können daher als Alternative zu den Silikonförmchen verwendet werden. Besonders gut gelingen die Kuchen in Muffinblechen mit Antihaftbeschichtung. Die Bleche immer gut fetten und eventuell mit Mehl ausstäuben. Wem das zu aufwendig ist, kann jede Mulde mit einem Papierbackförmchen auskleiden.

Ofenfeste Tassen

**Ofenfeste Tassen** aus stabilem Material und kleine Flanformen können Sie ebenfalls zum Backen der Mini-Kuchen nehmen. Sie müssen so dick sein, dass sie die Backofenhitze aushalten und mindestens 100 ml Teig aufnehmen. Tassen oder Formen gut fetten oder mit Backpapier auskleiden.

# Rührteig

*Rührteig ist die Basis vieler Mini-Kuchen, sowohl süß als auch herzhaft. Dieses Grundrezept reicht für zwölf süße Minis, die Sie nach Herzenslust variieren können.*

150 g weiche Butter
120 g Zucker
1 Päckchen Vanillezucker
3 Eier (Größe M)
250 g Mehl | 2 TL Backpulver
1 Prise Salz
5 EL Milch (nach Belieben auch trockener Sherry oder Rotwein)
Puderzucker zum Bestäuben
**Außerdem:**
12 Förmchen von je ca. 100 ml Inhalt

Für 12 Stück

**1** Den Backofen auf 180° (Umluft 160°) vorheizen. Butter mit Zucker und Vanillezucker in einer Rührschüssel so lange schlagen, bis die Masse schön hell und cremig ist (1). Die Eier einzeln unterrühren (2). Das Mehl mit Backpulver und Salz mischen und mit Milch (Sherry oder Wein) rasch unterrühren.

**2** Den Teig in die Förmchen verteilen. Die Kuchen im heißen Ofen (Mitte) ca. 30 Min. backen. Bevor die Kuchen aus dem Ofen kommen, die Garprobe machen. Dafür mit einem Holzstäbchen in die dickste Stelle eines Kuchens stechen (3) und wieder herausziehen. Es dürfen keine feuchten Teigreste mehr am Stäbchen haften, andernfalls die Kuchen noch 2–3 Min. weiterbacken.

**3** Die Kuchen zum leichteren Lösen noch 10 Min. in der Form stehen lassen, dann erst herauslösen und komplett abkühlen lassen. Nach Belieben vor dem Servieren mit Puderzucker bestäuben.

### VARIANTE – PIKANTE KUCHEN

Wer einmal pikante Mini-Kuchen backen möchte, lässt den Zucker weg und mischt stattdessen 1 geh. TL Salz unter den Teig. Zusätzlich können noch 50 g geriebener Parmesan und 1 TL Kräuter wie Thymianblättchen oder gehackter Salbei unter den Teig gemengt werden.

# Hefeteig

*Ob süß oder pikant – Hefeteig eignet sich sehr gut zum Backen in kleinen Förmchen. Hier ein Grundrezept für zwölf süße Hefe-Minis fürs Frühstück oder zum Kaffee.*

1

2

3

**Für den Teig:**
¾ Würfel frische Hefe (ca. 30 g)
40 g Zucker
125 ml lauwarme Milch
100 g Butter | 400 g Mehl | 1 Prise Salz
1 Ei (Größe M) | 1 Eigelb
**Zum Bestreichen:**
1 Eigelb | 1 EL Milch
**Außerdem:**
12 Förmchen von je ca. 100 ml Inhalt

Für 12 Stück

**1** Die Hefe in kleine Stücke krümeln und mit 1 TL Zucker und 3–4 EL Milch glatt verrühren (1). Die Butter würfeln, in der übrigen Milch schmelzen lassen. Mehl und restlichen Zucker in eine Schüssel füllen. Angerührte Hefe, Milch mit Butter, Salz, Ei und Eigelb dazugeben (2) und alles mit den Knethaken des Handrührgeräts zu einem glatten, weichen Teig verarbeiten. Den Teig zugedeckt an einem warmen Ort ca. 1 Std. gehen lassen (3).

**2** Den Backofen auf 220° (Umluft 200°) vorheizen. Den Teig noch einmal durchkneten und in die Förmchen verteilen. Zum Bestreichen das Eigelb mit der Milch glatt rühren und den Teig damit einpinseln. Die Mini-Kuchen im heißen Ofen (Mitte) ca. 20 Min. backen, 10 Min. in der Form stehen lassen, dann herauslösen und komplett abkühlen lassen.

### VARIANTE – HERZHAFTE MINI-BROTE
Bereiten Sie den Teig mit 1 TL Zucker und 1 TL Salz zu. Lassen Sie die Eigelb-Milch-Mischung zum Bestreichen weg und backen Sie die Brote wie angegeben.

### KÜCHENTECHNIK-TIPP
Machen Sie bei Hefeteig eine Garprobe mit dem Daumen. Drücken Sie auf die Kruste: Ist diese stabil, gibt der Teig darunter elastisch nach, lässt sie sich aber nicht zu stark eindrücken, ist der Hefekuchen perfekt.

# Schokoladig & cremig

An kleinen Kuchen mit aromatischen Nüssen, Honig und duftenden Gewürzen kommt keiner vorbei. Mein Favorit zum Cappuccino ist der klassische Schokoladenkuchen mit Mandeln. Mit Kuvertüre verziert, ist er unwiderstehlich für alle Naschkatzen.

# Schokoladenkuchen

150 g Zartbitterschokolade
4 Eier (Größe M) | 1 Prise Salz
150 g weiche Butter
100 g brauner Zucker
75 g gemahlene Mandeln
75 g Mehl
½ TL Backpulver
100 g Zartbitterkuvertüre
**Außerdem:**
12 Förmchen von je ca. 100 ml Inhalt

Für 12 Stück
25 Min. Zubereitung | 25 Min. Backen
Pro Stück ca. 320 kcal, 6 g EW, 24 g F, 21 g KH

**1** Die Schokolade in Stücke brechen und in einer Tasse im heißen Wasserbad schmelzen lassen. Ab und zu umrühren, damit die Schokolade gleichmäßig schmilzt. Die Schokolade aus dem Wasserbad heben und lauwarm abkühlen lassen. Den Backofen auf 200° (Umluft 180°) vorheizen.

**2** Die Eier trennen. Die Eiweiße mit dem Salz zu steifem Schnee schlagen. Die Butter in Würfel schneiden und mit dem Zucker in einer Rührschüssel cremig rühren. Die Eigelbe nach und nach unterrühren, dann die Schokolade dazugeben. Die Mandeln mit dem Mehl und dem Backpulver mischen und unterrühren. Den Eischnee mit dem Schneebesen behutsam unterheben.

**3** Die Masse in die Förmchen verteilen. Die Kuchen im heißen Ofen (Mitte) ca. 25 Min. backen. 10 Min. in der Form stehen lassen, herauslösen und ganz abkühlen lassen. Die Kuvertüre in Stücke schneiden und in einer Tasse im heißen Wasserbad schmelzen lassen. In Streifen auf die Kuchen laufen lassen und vollkommen trocknen lassen.

zum Espresso

## Nuss-Nugat-Kuchen

250 g gemahlene Haselnusskerne
50 g Mehl
3 Eier (Größe L)
1 Prise Salz
125 g weiche Butter
100 g brauner Zucker
1 TL Zimtpulver
100 g Nussnugat
100 g Zartbitterkuvertüre
**Außerdem:**
12 Förmchen von je ca. 100 ml Inhalt

Für 12 Stück
35 Min. Zubereitung | 25 Min. Backen
Pro Stück ca. 365 kcal, 6 g EW, 28 g F, 23 g KH

**1** Den Backofen auf 200° (Umluft 180°) vorheizen. Die Nüsse mit dem Mehl mischen. Die Eier trennen. Die Eiweiße mit dem Salz zu steifem Schnee schlagen. Die Butter in Würfel schneiden und mit Zucker und Zimt in einer Rührschüssel cremig rühren. Die Eigelbe nach und nach unterrühren, dann die Nussmischung unterrühren. Den Eischnee mit dem Schneebesen locker unterheben.

**2** Nugat in 12 Stücke schneiden. Die Hälfte des Nussteigs in die Förmchen verteilen und je 1 Stück Nugat darauflegen. Restlichen Teig einfüllen.

**3** Die Kuchen im heißen Ofen (Mitte) ca. 25 Min. backen. 10 Min. in der Form stehen lassen, herauslösen und ganz abkühlen lassen. Die Kuvertüre in Stücke schneiden und in einer Tasse im heißen Wasserbad schmelzen lassen. Die Kuchen damit rundherum bestreichen.

fein-würzig

## Vanille-Schoko-Kuchen

1 Vanilleschote
80 g Marzipanrohmasse
75 g weiche Butter
75 g Zucker
2 Päckchen Vanillezucker
3 Eier (Größe M) | 150 g Mehl
50 g gemahlene Mandeln
2 TL Backpulver | 4 EL Milch
50 g Zartbitterschokolade
Puderzucker zum Bestäuben
**Außerdem:**
12 Förmchen von je ca. 100 ml Inhalt

Für 12 Stück
25 Min. Zubereitung | 25 Min. Backen
Pro Stück ca. 220 kcal, 5 g EW, 12 g F, 21 g KH

**1** Den Backofen auf 180° (Umluft 180°) vorheizen. Die Vanilleschote der Länge nach aufschlitzen, aufklappen und das Mark herauskratzen. Die Marzipanrohmasse fein raspeln. Die Butter in Würfel schneiden und mit Marzipan, Zucker, Vanillezucker und dem Vanillemark in einer Rührschüssel cremig rühren. Die Eier nach und nach unterrühren.

**2** Das Mehl mit Mandeln und Backpulver mischen und mit der Milch rasch untermischen. Die Schokolade in 12 längliche Stücke teilen. Die Hälfte des Teigs in die Förmchen füllen, jeweils mit 1 Stück Schokolade belegen und mit restlichem Teig bedecken. Die Kuchen im heißen Ofen (Mitte) ca. 25 Min. backen. 10 Min. in der Form stehen lassen, herauslösen und ganz abkühlen lassen. Vor dem Servieren mit Puderzucker bestäuben.



oben: Vanille-Schoko-Kuchen | unten: Nuss-Nugat-Kuchen

Klassiker

# Zitronenkuchen

*Frisch geriebene Zitronenschale im Teig und Zitronensaft zum Tränken sorgen für ganz viel saftiges Aroma. Die Kuchen halten sich deshalb ein paar Tage frisch.*

2 große Bio-Zitronen | 2 Päckchen Vanillezucker | 125 g weiche Butter | 100 g Zucker | 1 Prise Salz | 3 Eier (Größe M) | 250 g Mehl | 2 TL Backpulver | 50 ml Milch | 80 g Puderzucker | Puderzucker zum Bestäuben

**Außerdem:** 12 Förmchen von je ca. 100 ml Inhalt | Fett für die Förmchen

Für 12 Stück
20 Min. Zubereitung | 25 Min. Backen
Pro Stück ca. 250 kcal, 4 g EW, 11 g F, 34 g KH

**1** Den Backofen auf 200° (Umluft 180°) vorheizen. Die Förmchen fetten. Die Zitronen heiß waschen und abtrocknen. Die Schale beider Früchte fein abreiben, den Saft auspressen und zugedeckt beiseitestellen. Ein Drittel der Zitronenschale mit 1 Päckchen Vanillezucker mischen und die gefetteten Förmchen damit ausstreuen.

**2** Die Butter mit dem Zucker, dem restlichen Vanillezucker und Salz cremig schlagen. Die Eier nacheinander unterrühren. Das Mehl mit dem Backpulver und der übrigen Zitronenschale mischen und mit der Milch rasch unterrühren.

**3** Den Teig in die Förmchen füllen. Die Kuchen im heißen Ofen (Mitte) ca. 25 Min. backen.

**4** Die heißen Kuchen in den Förmchen mit einem Holzstäbchen mehrmals bis zum Boden einstechen. Den Puderzucker mit ca. 100 ml Zitronensaft verrühren und die Flüssigkeit mit einem Teelöffel nach und nach über dem Kuchen verteilen. Die Kuchen in den Förmchen abkühlen lassen, dann erst herauslösen und nach Belieben vor dem Servieren mit Puderzucker bestäuben.

spanisch inspiriert

## Sherrykuchen

je 50 g Zartbitter- und Vollmilchschokolade | 3 Eier (Größe M) | 1 Prise Salz | 125 g weiche Butter | 100 g Zucker | 1 Päckchen Vanillezucker | 250 g Mehl | 2 TL Backpulver | 2 TL Kakaopulver | 75 ml Sherry (oder Apfelsaft)
**Außerdem:** 12 Förmchen von je ca. 100 ml Inhalt

Für 12 Stück
25 Min. Zubereitung | 25 Min. Backen
Pro Stück ca. 260 kcal, 17 g EW, 13 g F, 29 g KH

**1** Den Backofen auf 200° (Umluft 180°) vorheizen. Die Schokolade hacken. Die Eier trennen, die Eiweiße mit Salz steif schlagen. Butter mit Zucker, Eigelben und Vanillezucker cremig rühren. Mehl mit Backpulver und Kakao mischen und mit dem Sherry in die Butter-Zucker-Masse einrühren. Den Eischnee mit den Schokostücken vorsichtig unterheben. Teig in die Förmchen füllen, Kuchen im heißen Ofen (Mitte) ca. 25 Min. backen. 10 Min. in der Form stehen lassen, herauslösen und abkühlen lassen.

blitzschnell

## Honigkuchen

125 g Honig | 75 g brauner Zucker | 60 g Butter | 3 Eier (Größe M) | ½ TL Lebkuchengewürz | 4 Tropfen Orangenaroma (Backöl) | 200 g Mehl | 50 g gemahlene Mandeln | ½ Päckchen Backpulver | 2 EL Hagelzucker
**Außerdem:** 12 Förmchen von je ca. 100 ml Inhalt

Für 12 Stück
15 Min. Zubereitung | 25 Min. Backen
Pro Stück ca. 205 kcal, 4 g EW, 8 g F, 29 g KH

**1** Den Backofen auf 180° (Umluft 160°) vorheizen. Honig mit Zucker und Butter unter Rühren so lange erwärmen, bis der Zucker sich auflöst. Abkühlen lassen. Die Eier mit Lebkuchengewürz und Orangenaroma schaumig schlagen, die Honigmischung unterrühren. Mehl mit Mandeln und Backpulver mischen und unterrühren. Den Teig in die Förmchen verteilen und den Hagelzucker daraufstreuen. Die Kuchen im heißen Ofen ca. 25 Min. backen, 10 Min. stehen lassen, herauslösen und abkühlen lassen.

aus Frankreich

# Brioches mit Schokostückchen

*Mit diesem luftigen Hefeteiggebäck starten Sie genussvoll in den (Sonn-)Tag. Servieren Sie dazu einen großen Milchkaffee, und das Frühstück à la française ist perfekt.*

150 ml Milch
½ Würfel frische Hefe (ca. 20 g)
60 g Zucker
350 g Mehl
1 Prise Salz
2 Päckchen Vanillezucker
2 Eier (Größe M)
100 g kalte Butter
100 g Zartbitterschokolade
1 Eigelb
1 EL Sahne
**Außerdem:**
12 Förmchen von je ca. 100 ml Inhalt

Für 12 Stück
30 Min. Zubereitung
1 Std. 15 Min. Ruhen | 25 Min. Backen
Pro Stück ca. 230 kcal, 5 g EW, 11 g F, 27 g KH

**1** Die Milch lauwarm erhitzen. Die Hefe zerkrümeln und mit 2 TL Zucker in der Milch auflösen.

**2** Den restlichen Zucker mit Mehl, Salz und Vanillezucker mischen. Die angerührte Hefe und die Eier dazugeben und alles zu einem glatten, geschmeidigen Teig verkneten. Den Teig in der Schüssel zugedeckt an einem warmen Ort ca. 1 Std. gehen lassen, bis sich sein Volumen verdoppelt hat.

**3** Die Butter und die Schokolade in kleine Stücke schneiden und kurz und rasch unter den Teig kneten. Dabei sollen die Butterstückchen durchaus noch zu sehen sein. Den Teig mit bemehlten Händen in 12 Portionen teilen. Von jeder Portion jeweils 1 walnussgroßes Stück abnehmen, zu einem kleinen länglichen Laib formen und beiseite legen. Die restlichen Teigportionen jeweils zu einem größeren länglichen Laib formen (1).

**4** Jeweils den größeren Laib in eine kleine Form legen. Nochmals ca. 15 Min. gehen lassen. Den Backofen auf 200° (Umluft 180°) vorheizen.

**5** Das Eigelb mit der Sahne verquirlen. In die großen Laibe jeweils eine Mulde drücken und diese mit Eigelbsahne bestreichen. Die kleinen Laibe darauflegen und etwas andrücken (2).

**6** Die Kuchen mit der restlichen Eigelb-Sahne-Mischung bepinseln und im heißen Ofen ca. 25 Min. backen, bis sie schön aufgegangen und gebräunt sind. Kurz in der Form stehen lassen, dann herauslösen und komplett abkühlen lassen.

### VARIANTE – PANETTONE-KUCHEN

Den Teig, wie beschrieben, zubereiten, statt Zartbitterschokolade 2 EL Rosinen – nach Belieben zuvor 2 Std. in 4 EL Grappa marinieren –, je 1 EL klein gewürfeltes Orangeat und Zitronat und 2 EL geröstete Mandelstifte unter den gut aufgegangenen Teig mischen. In 12 längliche Portionen teilen, in die Förmchen legen und wie beschrieben im Ofen backen.

1
2
3

ganz einfach

## Browniekuchen

100 g Zartbitterschokolade
100 g Butter
3 Eier (Größe M)
1 Eigelb
150 g brauner Zucker
125 g Mehl
1 Prise Salz
100 g Walnusskerne
**Außerdem:**
12 Förmchen von je ca. 100 ml Inhalt

Für 12 Stück
25 Min. Zubereitung | 25 Min. Backen
Pro Stück ca. 270 kcal, 5 g EW, 18 g F, 24 g KH

**1** Den Backofen auf 200° (Umluft 180°) vorheizen. Die Schokolade und die Butter in Stücke schneiden und zusammen in einem Topf bei schwacher Hitze schmelzen lassen. Lauwarm abkühlen lassen.

**2** Die Eier und das Eigelb mit dem Zucker gut schaumig schlagen. Die abgekühlte Schokoladen-Butter nach und nach unterrühren. Mehl und Salz mischen und unterrühren, die Nüsse grob hacken und ebenfalls mit dem Teig mischen.

**3** Den Teig in die Formen füllen und im heißen Ofen (Mitte) ca. 25 Min. backen. Die Kuchen 10 Min. in der Form stehen lassen, dann herauslösen und komplett abkühlen lassen.

### AUSTAUSCH-TIPP

Backen Sie die Kuchen auch mit gehackten Mandeln oder Pinienkernen. Diese zuvor in einer trockenen Pfanne bei milder Hitze unter Rühren goldgelb rösten.

mit Knusperkruste

## Mandelkuchen

**Für den Teig:**
100 g Butter
3 Eier (Größe M) | 75 g Zucker
4 Tropfen Bittermandelöl
125 g Mehl
50 g gemahlene Mandeln
1 TL Backpulver
**Für den Belag:**
50 g Butter | 50 g Zucker
50 g Sahne | 100 g Mandelstifte
**Außerdem:**
12 Förmchen von je ca. 100 ml Inhalt

Für 12 Stück
30 Min. Zubereitung | 25 Min. Backen
Pro Stück ca. 280 kcal, 5 g EW, 20 g F, 19 g KH

**1** Den Backofen auf 200° (Umluft 180°) vorheizen. Für den Teig die Butter zerlassen und abkühlen lassen. Die Eier mit Zucker gut schaumig schlagen, die Butter einfließen lassen, Bittermandelöl unterrühren. Mehl mit Mandeln und Backpulver mischen und unterrühren. Den Teig in die Förmchen füllen und im heißen Ofen (Mitte) ca. 15 Min. backen.

**2** Inzwischen für den Belag Butter mit Zucker und Sahne ca. 1 Min. bei mittlerer Hitze erwärmen. Die Mandelstifte zugeben und 1–2 Min. weiterköcheln, bis die Mischung nicht mehr flüssig ist. Die Kuchen aus dem Ofen holen, die Mandelmasse auf dem Teig verteilen und die Kuchen weitere 10 Min. backen, bis die Mandelmasse schön gebräunt ist. Die Kuchen 10 Min. in den Förmchen stehen lassen, dann herauslösen und komplett abkühlen lassen.



links: Browniekuchen | rechts: Mandelkuchen

für Genießer

# Toffeekuchen

100 g Butter
150 g weiche Schoko-Toffees
200 g Mehl
1 EL Kakaopulver
2 geh. TL Backpulver
2 Eier (Größe M)
80 g brauner Zucker
1 EL Rum (oder 3 Tropfen Rumaroma)
200 g Crème fraîche
**Außerdem:**
12 Förmchen von je ca. 100 ml Inhalt

Für 12 Stück
25 Min. Zubereitung | 25 Min. Backen
Pro Stück ca. 285 kcal, 4 g EW, 17 g F, 28 g KH

**1** Die Butter würfeln, in einem kleinen Topf schmelzen und lauwarm abkühlen lassen. Den Backofen auf 180° (Umluft 160°) vorheizen. Die Toffees würfeln. Das Mehl mit dem Kakaopulver und dem Backpulver in einer Schüssel mischen.

**2** Die Eier mit Zucker und Rum schaumig schlagen. Die Crème fraîche unterschlagen, die Butter einrühren. Die Toffees und die Mehlmischung rasch unter den Teig rühren.

**3** Den Teig in die Förmchen füllen und im heißen Ofen (Mitte) ca. 25 Min. backen. Die Kuchen 10 Min. in den Förmchen stehen lassen, dann herauslösen und komplett abkühlen lassen.

### UND DAZU?

Besonders gut passt Schlagsahne mit Vanillezucker und abgeriebener Bio-Orangenschale zu den Toffee-Kuchen.

herbstlich | auch als Dessert

# Maronenkuchen

100 g Datteln
1 große Bio-Orange
50 g Zartbitterschokolade
200 g gegarte Maronen (vakuumverpackt)
3 Eier (Größe M) | 1 Prise Salz
100 g weiche Butter | 80 g Zucker
1 Päckchen Vanillezucker
abgeriebene Schale ½ Bio-Zitrone
75 g gemahlene Mandeln
25 g Speisestärke
**Außerdem:**
12 Förmchen von je ca. 100 ml Inhalt

Für 12 Stück
30 Min. Zubereitung | 25 Min. Backen
Pro Stück ca. 240 kcal, 4 g EW, 14 g F, 20 g KH

**1** Die Datteln entsteinen und würfeln. Die Orange heiß waschen und abtrocknen, die Schale abreiben, den Saft auspressen. Die Schokolade würfeln. Die Maronen mit dem Orangensaft fein pürieren. Den Backofen auf 180° (Umluft 160°) vorheizen.

**2** Die Eier trennen, die Eiweiße mit Salz steif schlagen. Butter mit Zucker und Vanillezucker cremig schlagen. Die Eigelbe nach und nach unterrühren. Maronenpüree, Datteln, Orangen- und Zitronenschale sowie Schokolade untermischen. Die Mandeln mit der Speisestärke mischen und zusammen mit dem Eischnee locker unterheben. Den Teig in die Förmchen verteilen und die Kuchen im heißen Ofen (Mitte) ca. 25 Min. backen. 10 Min. in der Form stehen lassen, herauslösen und abkühlen lassen.



links: Maronenkuchen | rechts: Toffeekuchen

auch zum Mitnehmen

# Schichtkuchen mit Nüssen

*Eine saftige Füllung aus Haselnüssen, Zimt und Kakao macht die Hefeteig-Minis zu echten kleinen Kunstwerken auf der Kaffeetafel.*

**Für den Teig:**
½ Würfel frische Hefe (ca. 20 g)
65 g Zucker
350 ml lauwarme Milch
60 g Butter
275 g Mehl
2 Eigelb | 1 Prise Salz
**Für die Füllung:**
1 Bio-Zitrone
3 Eiweiß | 85 g Zucker
200 g gemahlene Haselnusskerne
1 TL Zimtpulver
1 EL Kakaopulver
**Zum Bestreichen:**
1 Eigelb | 2 EL Sahne
**Außerdem:**
12 Förmchen von je ca. 100 ml Inhalt

Für 12 Stück
35 Min. Zubereitung
1 Std. Ruhen | 25 Min. Backen
Pro Stück ca. 330 kcal, 8 g EW, 19 g F, 32 g KH

**1** Die Hefe zerkrümeln und mit 1 TL Zucker und 3–4 EL Milch verrühren. Die Butter würfeln und in der übrigen Milch schmelzen lassen.

**2** Das Mehl in eine Schüssel füllen. Die angerührte Hefe, die Milch mit der Butter, den restlichen Zucker, die Eigelbe und das Salz dazugeben und alles mit den Knethaken des Handrührgeräts zu einem glatten, ziemlich weichen Teig verarbeiten. Den Teig in der Schüssel zugedeckt an einem warmen Ort ca. 1 Std. gehen lassen. Den Backofen auf 200° (Umluft 180°) vorheizen.

**3** Inzwischen für die Nussfüllung die Zitrone heiß waschen, abtrocknen und die Schale fein abreiben. Die Eiweiße steif schlagen, dabei den Zucker nach und nach einrieseln lassen. Nüsse, Zimt, Kakao und Zitronenschale unterheben.

**4** Den Teig noch einmal durchrühren. Jeweils knapp 1 EL davon in die Förmchen geben. Etwas Nussmasse darauf verteilen und mit einer Gabel die Schichten leicht mischen. Den restlichen Hefeteig darüberlöffeln und glatt streichen.

**5** Die Kuchen im heißen Ofen (Mitte) 10 Min. backen, dann das Eigelb mit der Sahne verquirlen und die Kuchen damit einpinseln. Nochmals ca. 15 Min. backen. Die fertig gebackenen Kuchen 10 Min. in der Form stehen lassen, herauslösen und vor dem Servieren komplett abkühlen lassen.

### VARIANTE – MOHNFÜLLUNG

Statt der Nüsse 125 g gemahlenen Mohn mit 125 ml Milch, 1 geh. EL Butter und 30 g Zucker erhitzen und offen bei schwacher Hitze ca. 10 Min. köcheln lassen. Mit der abgeriebenen Schale von ½ Bio-Zitrone, 2 EL gehackten Mandeln und 1 EL Crème fraîche mischen und als Füllung für die Kuchen verwenden.

saftig

## Nuss-Makronen-Kuchen

1 Bio-Orange
1 Vanilleschote
5 Eiweiß
100 g + 2 EL Puderzucker
100 g weiche Butter
6 Tropfen Bittermandelaroma (Backöl)
250 g gemahlene Haselnusskerne
50 g Mehl | ½ TL Backpulver
1 TL Kakaopulver | 1 Prise Salz
2 EL gehackte Haselnusskerne
**Außerdem:**
12 Förmchen von je ca. 100 ml Inhalt

Für 12 Stück
30 Min. Zubereitung | 20 Min. Backen
Pro Stück ca. 270 kcal, 5 g EW, 21 g F, 16 g KH

**1** Die Orange heiß waschen und abtrocknen, die Schale abreiben. Vanilleschote aufschlitzen, das Mark mit dem Messerrücken herausschaben. Den Backofen auf 200° (Umluft 180°) vorheizen.

**2** Die Eiweiße steif schlagen, dabei 50 g Puderzucker einrieseln lassen. Die Butter mit 50 g Puderzucker, Bittermandelaroma, Orangenschale und der Vanille hell und cremig schlagen. Haselnüsse, Mehl, Backpulver und Kakaopulver mit Salz mischen und unterrühren. Ein Drittel des Eischnees ebenfalls unterrühren, den Rest vorsichtig unterheben. Den Teig in die Förmchen verteilen. Die gehackten Nüsse mit 2 EL Puderzucker mischen und aufstreuen. Die Kuchen im heißen Ofen (Mitte) ca. 20 Min. backen. Die Kuchen 10 Min. in den Förmchen stehen lassen, dann herauslösen und ganz abkühlen lassen.

Klassiker

## Marmorkuchen

50 g Zartbitterschokolade
200 g weiche Butter
125 g Zucker
1 Päckchen Vanillezucker
3 Eier (Größe M)
250 g Mehl | 2 TL Backpulver
1 Prise Salz
50 ml Milch
¼ TL Zimtpulver
2–3 Tropfen Rumaroma
Puderzucker zum Bestäuben
**Außerdem:**
12 Förmchen von je ca. 100 ml Inhalt

Für 12 Stück
25 Min. Zubereitung | 25 Min. Backen
Pro Stück ca. 290 kcal, 4 g EW, 17 g F, 30 g KH

**1** Die Schokolade in Stücke brechen und in einer Tasse im heißen Wasserbad schmelzen lassen. Den Backofen auf 180° (Umluft 160°) vorheizen. Die Butter mit Zucker und Vanillezucker kräftig aufschlagen, bis sie hell und cremig ist. Die Eier nacheinander unterrühren. Das Mehl mit Backpulver und Salz mischen und mit der Milch unterrühren.

**2** Den Teig halbieren. Unter eine Hälfte die Schokolade und den Zimt rühren, unter die andere das Rumaroma. Dunklen und hellen Teig abwechselnd in die Förmchen füllen. Mit einem Holzspieß spiralförmig durch die beiden Teige fahren. Die Kuchen im heißen Ofen (Mitte) ca. 25 Min. backen, 10 Min. in der Form stehen lassen, dann herauslösen und abkühlen lassen. Mit Puderzucker bestäuben.



links: Marmorkuchen | rechts: Nuss-Makronen-Kuchen

italienisch inspiriert

## Ricotta-Reis-Kuchen

500 ml Milch
100 g Zucker
75 g Rundkornreis
1 Prise Salz
1 Bio-Zitrone
100 g Soft-Aprikosen
3 Eier (Größe M)
250 g Ricotta
**Außerdem:**
12 Förmchen von je ca. 100 ml Inhalt

Für 12 Stück
45 Min. Zubereitung | 25 Min. Backen
Pro Stück ca. 160 kcal, 6 g EW, 6 g F, 19 g KH

**1** Die Milch mit 1 EL Zucker, dem Reis und dem Salz erwärmen und den Reis offen bei schwacher Hitze ca. 30 Min. garen, bis er die Milch aufgesogen hat. Währenddessen ab und zu umrühren, damit nichts anbrennt. Abkühlen lassen.

**2** Den Backofen auf 200° (Umluft 160°) vorheizen. Die Zitrone heiß waschen und abtrocknen, die Schale fein abreiben. Die Soft-Aprikosen klein würfeln. Die Eier trennen und die Eiweiße mit dem Handrührgerät zu steifem Schnee schlagen.

**3** Den Ricotta mit dem restlichen Zucker und den Eigelben cremig rühren, Aprikosen und Milchreis mit der Zitronenschale unterrühren. Den Eischnee mit dem Schneebesen locker unterheben.

**4** Die Reismischung in die Förmchen füllen und die Kuchen im heißen Ofen (Mitte) ca. 25 Min. backen. 10 Min. stehen lassen, aus den Förmchen lösen und komplett abkühlen lassen.

gästefein

## Schokoladentörtchen

5 Eier (Größe M) | 1 Prise Salz
125 g Zucker | 125 g Mehl | 25 g Speisestärke
1 gestr. EL Kakaopulver
50 g Zartbitterschokolade
100 g Sahne | 100 g Puderzucker
50 g weiche Butter
150 g Doppelrahmfrischkäse
½ TL Chilipulver nach Belieben
1 EL Schokospäne oder -raspel
**Außerdem:**
12 Förmchen von je ca. 100 ml Inhalt

Für 12 Stück
35 Min. Zubereitung | 20 Min. Backen
Pro Stück ca. 270 kcal, 6 g EW, 14 g F, 30 g KH

**1** Den Backofen auf 180° (Umluft 160°) vorheizen. Die Eier trennen. Die Eiweiße mit Salz steif schlagen. Die Eigelbe mit Zucker schaumig rühren. Das Mehl mit Stärke und Kakao mischen und locker unter die Masse ziehen. Den Eischnee unterheben. Teig in die Förmchen geben und im heißen Ofen (Mitte) ca. 20 Min. backen. 10 Min. stehen lassen, herauslösen und komplett abkühlen lassen.

**2** Schokolade über dem heißen Wasserbad schmelzen. Die Sahne mit 1 EL Puderzucker steif schlagen. Übrigen Puderzucker mit Butter und Frischkäse cremig schlagen. Schokolade und nach Belieben das Chilipulver untermischen, 1 EL geschlagene Sahne unterheben. Die Kuchen einmal quer durchschneiden, mit je ½ EL Creme bestreichen und wieder zusammensetzen. Übrige Buttercreme und Sahne verrühren, die Kuchen damit bestreichen und mit Schokospänen verzieren.



oben: Ricotta-Reis-Kuchen | unten: Schokoladentörtchen

cremig-mild

## Käsekuchen mit Konfitüre

80 g weiche Butter
100 g Zucker
40 g Hartweizengrieß
abgeriebene Schale und Saft ½ Bio-Zitrone
500 g Quark (20 % Fett)
2 Eier (Größe M)
2 TL Speisestärke
50 g Himbeer- oder Erdbeerkonfitüre
**Außerdem:**
12 Förmchen von je ca. 100 ml Inhalt

Für 12 Stück
20 Min. Zubereitung | 30 Min. Backen
Pro Stück ca. 190 kcal, 6 g EW, 11 g F, 15 g KH

**1** Den Backofen auf 180° (Umluft 160°) vorheizen. Die Butter mit dem Zucker und dem Grieß in einer Rührschüssel cremig rühren. Zitronenschale und -saft mit dem Quark und den Eiern unterrühren. Die Speisestärke darüberstäuben und unterheben. Die Konfitüre in einem kleinen Topf erwärmen, bis sie schön geschmeidig wird.

**2** Die Quarkmasse in die Förmchen verteilen. Jeweils ca. 1 TL Konfitüre daraufgeben und diese mit einer Kuchengabel spiralförmig leicht in die Quarkmasse einrühren.

**3** Die Kuchen im heißen Ofen (Mitte) ca. 30 Min. backen, bis sie aufgegangen und schön gebräunt sind. Die Kuchen 10 Min. in der Form stehen lassen, dann herauslösen und komplett abkühlen lassen.

für Genießer

## Käse-Streusel-Kuchen

**Für die Streusel:**
60 g Butter | 60 g Zucker
1 Prise Salz
½ TL Zimtpulver
80 g Mehl
**Für die Käsemasse:**
50 g Sahne | 50 g weiche Butter
100 g Zucker
400 g Doppelrahmfrischkäse
2 Eier (Größe M)
1 EL Speisestärke
**Außerdem:**
12 Förmchen von je ca. 100 ml Inhalt

Für 12 Stück
25 Min. Zubereitung | 30 Min. Backen
Pro Stück ca. 290 kcal, 6 g EW, 20 g F, 20 g KH

**1** Den Backofen auf 180° (Umluft 160°) vorheizen. Für die Streusel die Butter schmelzen und in eine Schüssel geben. Zucker, Salz und Zimtpulver untermengen. Das Mehl dazugeben und alles mit den Fingerspitzen zu Streuseln verarbeiten.

**2** Für die Frischkäsemasse die Sahne steif schlagen. Butter mit Zucker in einer Rührschüssel cremig rühren. Frischkäse und Eier unter die Butter rühren. Die Speisestärke darüberstäuben und mit der Sahne locker mit dem Schneebesen unterheben.

**3** Die Käsemasse in die Förmchen verteilen. Die Streusel daraufstreuen. Die Kuchen im heißen Ofen (Mitte) ca. 30 Min. backen, bis sie aufgegangen und schön gebräunt sind. Die Kuchen 10 Min. in der Form stehen lassen und dann herauslösen.



oben: Käsekuchen mit Konfitüre | unten: Käse-Streusel-Kuchen

# Fruchtig & leicht

Lust auf Äpfel, Birnen oder Kirschen? Die Minis werden mit frischem Obst oder Früchten aus Tiefkühltruhe oder Glas wunderbar saftig und halten sich lange frisch! Meinen Buttermilch-Heidelbeer-Kuchen serviere ich mit einem Klecks Sahne auch gerne mal zum Dessert.

# Buttermilch-Heidelbeer-Kuchen

250 g Heidelbeeren (frisch oder TK)
100 g weiche Butter
90 g Zucker | 1 Päckchen Vanillezucker
125 g Buttermilch
2 Eier (Größe M)
250 g Mehl
½ Päckchen Backpulver
1 Prise Salz
Puderzucker zum Bestäuben

**Außerdem:**
12 Förmchen von je ca. 100 ml Inhalt

Für 12 Stück
20 Min. Zubereitung | 25 Min. Backen
Pro Stück ca. 200 kcal, 4 g EW, 8 g F, 27 g KH

1 Die Heidelbeeren verlesen. TK-Beeren gegebenenfalls voneinander lösen und antauen lassen. Den Backofen auf 180° (Umluft 160°) vorheizen.

2 Die Butter mit Zucker und Vanillezucker in einer Rührschüssel cremig rühren. Die Buttermilch und anschließend die Eier nacheinander unterrühren. Das Mehl mit dem Backpulver und dem Salz mischen und unterrühren. Heidelbeeren mit einem Löffel locker unter den Teig heben.

3 Den Teig in die Förmchen verteilen. Die Kuchen im heißen Ofen (Mitte) ca. 25 Min. backen, bis sie schön gebräunt sind. Die Kuchen 10 Min. in der Form stehen lassen, dann herauslösen und komplett abkühlen lassen. Nach Belieben vor dem Servieren mit Puderzucker bestäuben.

**AUSTAUSCH-TIPP**

Statt Heidelbeeren schmecken auch Himbeeren, Johannisbeeren, Stachelbeeren oder Brombeeren. Auch abgetropfte, klein geschnittene Sauerkirschen aus dem Glas sind eine fruchtige Variante.

schmecken frisch am besten

# Hefekuchen mit Zwetschgen

*Mit den Grundrezepten für Hefe- und Rührteig von Seite 6 und 7 können Sie ganz einfach saftige Obstkuchen zubereiten, wie die Rezepte auf diesen Seiten beweisen.*

½ Würfel frische Hefe (ca. 20 g) | 80 g Zucker | 100 ml lauwarme Milch | 80 g Butter | 300 g Mehl | 1 Ei (Größe M) | 1 Prise Salz | 400 g Zwetschgen | 100 g Marzipanrohmasse | Puderzucker zum Bestäuben
**Außerdem:** 12 Förmchen von je ca. 100 ml Inhalt

Für 12 Stück
25 Min. Zubereitung
1 Std. Ruhen | 25 Min. Backen
Pro Stück ca. 235 kcal, 5 g EW, 9 g F, 35 g KH

**1** Einen Hefeteig, wie auf Seite 7 beschrieben, aus Hefe, Zucker, Milch, Butter, Mehl, Ei und Salz zubereiten und den Teig in der Schüssel zugedeckt an einem warmen Ort ca. 1 Std. gehen lassen.

**2** Den Backofen auf 200° (Umluft 180°) vorheizen. Die Zwetschgen waschen und halbieren. Die Steine entfernen und die Früchte in Würfel schneiden. Das Marzipan würfeln. Beides mit dem aufgegangenen Teig vermengen und in die Förmchen verteilen.

**3** Die Kuchen im heißen Ofen (Mitte) ca. 25 Min. backen. 10 Min. in der Form stehen lassen, dann herauslösen und komplett abkühlen lassen. Vor dem Servieren mit Puderzucker bestäuben.

## AUSTAUSCH-TIPP

Versuchen Sie die Kuchen auch einmal mit Aprikosen oder Stachelbeeren statt mit Zwetschgen.

## DEKO-TIPP

Besonders hübsch sehen die Kuchen aus, wenn Sie den Teig vor dem Backen mit einigen Zwetschgenstreifen und ein paar Marzipankrümeln garnieren. Dafür zusätzlich 100 g Zwetschgen entsteinen und in breitere Streifen teilen. 25 g mehr Marzipan nehmen und würfeln.

raffiniert

## Mandarinenkuchen

1 Dose Mandarinenschnitze (175 g Abtropfgewicht) | 1 geh. TL Bio-Orangenschale | 50 g Schokotröpfchen (Fertigprodukt) | 150 g weiche Butter | 120 g Zucker | 3 Eier (Größe M) | 250 g Mehl | 2 TL Backpulver | 1 Prise Salz | 5 EL Milch | Puderzucker zum Bestäuben
**Außerdem:** 12 Förmchen von je ca. 100 ml Inhalt

Für 12 Stück
20 Min. Zubereitung | 25 Min. Backen
Pro Stück ca. 265 kcal, 5 g EW, 13 g F, 31 g KH

**1** Den Backofen auf 180° (Umluft 160°) vorheizen. Mandarinen abtropfen lassen, mit Orangenschale und Schokotropfen mischen. Aus Butter, Zucker, Eiern, Mehl, Backpulver, Salz und Milch, wie auf Seite 6, einen Rührteig herstellen, die Mandarinen unterheben. Den Teig in die Förmchen verteilen. Die Kuchen im heißen Ofen (Mitte) ca. 25 Min. backen. 10 Min. in der Form stehen lassen, herauslösen und abkühlen lassen. Mit Puderzucker bestäuben.

blitzschnell

## Kokos-Himbeer-Kuchen

150 g weiche Butter | 120 g Zucker | 3 Eier (Größe M) | 150 g Mehl | 2 TL Backpulver | 1 Prise Salz | 5 EL Milch | 100 g Kokosraspel | 200 g TK-Himbeeren
**Außerdem:** 12 Förmchen von je ca. 100 ml Inhalt

Für 12 Stück
10 Min. Zubereitung | 25 Min. Backen
Pro Stück ca. 245 kcal, 4 g EW, 13 g F, 28 g KH

**1** Den Backofen auf 180° (Umluft 160°) vorheizen. Aus Butter, Zucker, Eiern, Mehl, Backpulver, Salz, Milch und Kokosraspel, wie auf Seite 6 beschrieben, einen Rührteig herstellen. Die Himbeeren gefroren unter den Teig heben.

**2** Den Teig in die Förmchen verteilen. Die Kuchen im heißen Ofen (Mitte) ca. 25 Min. backen. 10 Min. in der Form stehen lassen, dann herauslösen und komplett abkühlen lassen.

saftig-süß

# Schoko-Bananen-Kuchen

*Zitronenfrische Bananenstückchen und Schokowürfel vereint in lockerem Hefeteig: Das schmeckt großen und kleinen Süßschnäbeln gleichermaßen.*

½ Würfel frische Hefe (ca. 20 g)
1 TL Zucker
100 ml lauwarme Milch
50 g Butter
250 g Mehl
2 Eier (Größe M)
100 g Ahornsirup
1 Prise Salz
1 Bio-Zitrone
2 Bananen
50 g Zartbitterschokolade
**Außerdem:**
12 Förmchen von je ca. 100 ml Inhalt

Für 12 Stück
30 Min. Zubereitung
1 Std. Ruhen | 25 Min. Backen
Pro Stück ca. 180 kcal, 4 g EW, 6 g F, 26 g KH

**1** Die Hefe in kleine Stücke krümeln und mit dem Zucker und 3–4 EL Milch glatt verrühren. Die Butter in kleine Würfel schneiden und mit der restlichen Milch in einem Topf schmelzen lassen.

**2** Das Mehl in eine Schüssel geben. Die angerührte Hefe, die Milch mit der Butter, die Eier, 80 g Ahornsirup und das Salz dazugeben und alles mit den Knethaken des Handrührgeräts zu einem glatten, weichen Teig verarbeiten. Den Teig zugedeckt an einem warmen Ort ca. 1 Std. gehen lassen.

**3** Den Backofen auf 200° (Umluft 180°) vorheizen. Die Zitrone heiß waschen und abtrocknen, die Schale fein abreiben, den Saft auspressen. Die Bananen schälen, eine davon in kleine Würfel schneiden und mit der Zitronenschale und 2 EL Saft mischen. Die andere Banane in Scheiben schneiden. Die Schokolade in kleine Stücke würfeln.

**4** Die Schokolade und die Bananenwürfel unter den Teig rühren. Den Teig in die Förmchen verteilen und mit den Bananenscheiben belegen. Den übrigen Ahornsirup mit 2 TL Zitronensaft verrühren und auf den Bananen verstreichen.

**5** Die Mini-Kuchen im heißen Ofen (Mitte) ca. 25 Min. backen. Die Kuchen zunächst 10 Min. in der Form stehen lassen, dann herauslösen und komplett abkühlen lassen.

### VARIANTE – ORANGEN-PINIENKERN-KUCHEN

Den Hefeteig, wie beschrieben, zubereiten und gehen lassen. Statt der Bananen und Schokostückchen 2 Orangen so schälen, dass auch die weiße Haut mit entfernt wird. Das Orangenfruchtfleisch in Würfel schneiden, die Kerne gegebenenfalls aussortieren. Nach Belieben noch 1 Scheibe kandierte Orangen würfeln. 2 EL Pinienkerne in einer trockenen Pfanne bei mittlerer Hitze unter Rühren goldgelb rösten. Orangenwürfel und Pinienkerne unter den gegangenen Teig mischen, wie beschrieben in die Förmchen verteilen, mit dem Ahornsirup beträufeln und ca. 25 Min. goldbraun backen.

erfrischend

## Kokoskuchen mit Cranberries

50 g getrocknete Cranberries
abgeriebene Schale und Saft ½ Bio-Orange
150 g weiche Butter
80 g Zucker | 1 Päckchen Vanillezucker
4 Eier (Größe M)
200 g Kokosraspel | 25 g Speisestärke
2 EL weißer Rum (ersatzweise 2 EL Orangensaft)
1 Prise Salz
1 TL abgeriebene Bio-Zitronenschale
Puderzucker zum Bestäuben
**Außerdem:**
12 Förmchen von je ca. 100 ml Inhalt

Für 12 Stück
35 Min. Zubereitung | 25 Min. Backen
Pro Stück ca. 250 kcal, 3 g EW, 14 g F, 27 g KH

**1** Die Cranberries mit Orangensaft und -schale mischen und ca. 30 Min. ziehen lassen. Den Backofen auf 180° (Umluft 160°) vorheizen. Die Butter würfeln und mit Zucker und Vanillezucker cremig rühren. Die Eier trennen. Die Eigelbe nach und nach unter die Butter-Zucker-Masse rühren. 1 EL Kokosraspel zur Seite stellen, restliche Kokosraspel mit der Speisestärke mischen und mit Rum, Zitronenschale und Cranberries samt Saft unterrühren. Die Eiweiße mit dem Salz steif schlagen und locker unter den Kuchenteig heben.

**2** Die Masse in die Förmchen verteilen und mit 1 EL Kokosraspeln bestreuen. Die Kuchen im heißen Ofen (Mitte) ca. 25 Min. backen. 10 Min. in der Form stehen lassen, herauslösen und abkühlen lassen.

exotisch-frisch

## Ricottakuchen mit Passionsfrüchten

1 Bio-Limette
3 Passionsfrüchte
3 Eier (Größe M) | 1 Prise Salz
400 g Ricotta
½ Päckchen Vanillepuddingpulver
80 g Zucker
2 Päckchen Vanillezucker
**Außerdem:**
12 Förmchen von je ca. 100 ml Inhalt
Fett und Mehl für die Förmchen

Für 12 Stück
20 Min. Zubereitung | 30 Min. Backen
Pro Stück ca. 130 kcal, 5 g EW, 7 g F, 12 g KH

**1** Den Backofen auf 180° (Umluft 160°) vorheizen. Die Förmchen fetten und mit Mehl ausstreuen. Die Limette heiß waschen und abtrocknen, die Schale fein abreiben, die Frucht halbieren, eine Hälfte auspressen. Die Passionsfrüchte durchschneiden und das Fruchtfleisch sorgfältig mit einem Esslöffel aus den Schalen schaben.

**2** Die Eier trennen, die Eiweiße mit dem Salz zu steifem Schnee schlagen. Den Ricotta mit den Eigelben, dem Puddingpulver, dem Zucker und dem Vanillezucker gründlich verrühren. Die Limettenschale und 1 EL Saft mit den Passionsfrüchten untermischen. Den Eischnee mit dem Schneebesen vorsichtig unterheben. Die Masse in die Förmchen verteilen. Die Kuchen im heißen Ofen (Mitte) ca. 30 Min. backen. 10 Min. in der Form stehen lassen, herauslösen und ganz abkühlen lassen.



links: Ricottakuchen mit Passionsfrüchten | rechts: Kokoskuchen mit Cranberries

bleiben lange frisch

## Möhren-Orangen-Kuchen

1 kleine Bio-Orange
200 g Möhren
100 g Butter
3 Eier (Größe M)
125 g Zucker
1 TL abgeriebene Bio-Zitronenschale
150 g Mehl
75 g gemahlene Mandeln
2 TL Backpulver
1 Prise Salz
50 g Puderzucker
**Außerdem:**
12 Förmchen von je ca. 100 ml Inhalt

Für 12 Stück
30 Min. Zubereitung | 25 Min. Backen
Pro Stück ca. 230 kcal, 4 g EW, 12 g F, 25 g KH

**1** Den Backofen auf 180° (Umluft 160°) vorheizen. Die Orange heiß waschen und abtrocknen, die Schale fein abreiben. Den Saft auspressen. Die Möhren putzen, schälen und fein raspeln. Die Butter zerlassen und lauwarm abkühlen lassen.

**2** Die Eier mit dem Zucker schaumig rühren. Die Butter mit der Orangen- und der Zitronenschale unterrühren. Das Mehl mit Mandeln, Backpulver, Salz, Möhren und der Hälfte des Orangensafts unter die Eiercreme rühren. Den Teig in die Förmchen verteilen. Die Kuchen im heißen Ofen (Mitte) ca. 25 Min. backen. 10 Min. in der Form stehen lassen, herauslösen und ganz abkühlen lassen. Den Puderzucker mit ca. 3 TL Orangensaft zu einem Guss verrühren. Auf die Kuchen streichen und trocknen lassen.

aromatisch

## Apfelkuchen mit Ingwer

400 g säuerliche Äpfel (z. B. Boskop)
1 EL Zitronensaft
1 Stück frischer Ingwer (ca. 5 cm)
150 g weiche Butter
110 g brauner Zucker
3 Eier (Größe M)
250 g Mehl
½ Päckchen Backpulver
1 Prise Salz
6 EL Sahne oder Milch
Puderzucker zum Bestäuben
**Außerdem:**
12 Förmchen von je ca. 100 ml Inhalt

Für 12 Stück
25 Min. Zubereitung | 25 Min. Backen
Pro Stück ca. 260 kcal, 4 g EW, 14 g F, 29 g KH

**1** Die Äpfel schälen, vierteln und das Kerngehäuse entfernen. Die Äpfel in kleine Würfel schneiden und mit dem Zitronensaft verrühren. Den Ingwer schälen und fein hacken, unter die Äpfel mischen.

**2** Den Backofen auf 200° (Umluft 180°) vorheizen. Die Butter mit dem Zucker in einer Rührschüssel cremig rühren. Die Eier nacheinander unterrühren. Das Mehl mit dem Backpulver und dem Salz mischen und mit der Sahne oder Milch unterrühren. Die Äpfel locker unter den Teig heben.

**3** Den Teig in die Förmchen verteilen. Die Kuchen im heißen Ofen (Mitte) ca. 25 Min. backen. Die Kuchen 10 Min. in der Form stehen lassen, dann herauslösen und komplett abkühlen lassen. Vor dem Servieren mit Puderzucker bestäuben.



oben: Möhren-Orangen-Kuchen | unten: Apfelkuchen mit Ingwer

auch als Dessert

## Kirsch-Grieß-Kuchen

250 ml Milch | 50 g Butter
100 g Zucker
1 Päckchen Vanillezucker | 1 Prise Salz
50 g Hartweizengrieß
250 g Sauerkirschen (aus dem Glas)
50 g Zartbitterschokolade
3 Eier (Größe M)
abgeriebene Schale ½ Bio-Zitrone
1 Prise frisch geriebene Muskatnuss
50 g Mehl
**Außerdem:**
12 Förmchen von je ca. 100 ml Inhalt

Für 12 Stück
30 Min. Zubereitung | 30 Min. Backen
Pro Stück ca. 170 kcal, 4 g EW, 7 g F, 22 g KH

**1** Die Milch mit Butter, 50 g Zucker, Vanillezucker und Salz erhitzen. Den Grieß einrühren, einmal aufkochen und auf der abgeschalteten Kochstelle ausquellen und lauwarm abkühlen lassen. Den Backofen auf 200° (Umluft 180°) vorheizen.

**2** Die Kirschen abtropfen lassen und klein schneiden. Die Schokolade fein hacken. Die Eier trennen. Die Eigelbe mit dem restlichen Zucker schaumig schlagen. Den Grießbrei löffelweise unterrühren, dann Kirschen, Schokolade, Zitronenschale und Muskat untermischen. Die Eiweiße steif schlagen und mit dem Mehl locker unterheben.

**3** Den Teig in die Förmchen verteilen. Die Kuchen im heißen Ofen (Mitte) ca. 30 Min. backen. 10 Min. in der Form stehen lassen, dann herauslösen und komplett abkühlen lassen.

sommerlich

## Pfirsich-Brot-Kuchen

2 mittelgroße Pfirsiche (ca. 300 g)
75 g altbackenes Weißbrot
25 g Amarettini
4 Eier (Größe M) | 1 Prise Salz
100 g Zucker
50 g gemahlene Mandeln
1 EL Mehl | 1 TL Kakaopulver
1 Msp. Backpulver
**Außerdem:**
12 Förmchen von je ca. 100 ml Inhalt

Für 12 Stück
25 Min. Zubereitung | 20 Min. Backen
Pro Stück ca. 115 kcal, 4 g EW, 5 g F, 14 g KH

**1** Die Pfirsiche häuten. Wenn sie reif sind, lässt sich die Haut ganz einfach abziehen. Sind sie noch fest, mit kochendem Wasser überbrühen, abschrecken und die Haut abziehen. Pfirsiche würfeln.

**2** Den Backofen auf 180° (Umluft 160°) vorheizen. Das Brot in kleine Stücke reißen, die Amarettini in einer Plastiktüte mit dem Nudelholz fein zerkrümeln. Die Eier trennen, die Eiweiße mit dem Salz zu steifem Schnee schlagen. Die Eigelbe mit dem Zucker schaumig schlagen. Die Mandeln mit dem Mehl, dem Kakao und dem Backpulver mischen und mit dem Brot, den Amarettini und den Pfirsichstücken unter die Eigelbmasse rühren. Den Eischnee mit dem Schneebesen locker unterheben.

**3** Den Teig in die Förmchen verteilen. Die Kuchen im heißen Ofen (Mitte) ca. 20 Min. backen. 10 Min. in der Form stehen lassen, dann herauslösen und komplett abkühlen lassen.



links: Kirsch-Grieß-Kuchen | rechts: Pfirsich-Brot-Kuchen

gut vorzubereiten

# Früchtebrote

*Diese fruchtig-süßen Mini-Klassiker gehören zum Advent wie Lebkuchen und Spekulatius. Schön verpackt, sind sie ideal zum Verschenken.*

400 g gemischte Trockenfrüchte (z. B. Feigen, Aprikosen, Birnen, Rosinen, Cranberries)
1 Bio-Orange
2 EL Orangenlikör (nach Belieben)
1 geh. TL Trockenhefe
2 TL Zucker
1 EL Sauerteig (Fertigprodukt, Naturkostladen)
100 g Roggenvollkornmehl
½ TL Salz
100 g Walnusskerne
50 g Honig
**Außerdem:**
12 Förmchen von je ca. 100 ml Inhalt

Für 12 Stück
30 Min. Zubereitung
2 Std. 15 Min. Ruhen | 30 Min. Backen
Pro Stück ca. 189 kcal, 3 g EW, 6 g F, 31 g KH

**1** Die Trockenfrüchte in kleine Würfel schneiden. Die Orange heiß waschen und abtrocknen, die Schale fein abreiben, den Saft auspressen. Beides in einem Schälchen mit den Trockenfrüchten mischen, nach Belieben den Likör ebenfalls untermischen, abdecken und ziehen lassen.

**2** Für den Teig gut 100 ml lauwarmes Wasser mit Hefe, Zucker, Sauerteig, Mehl und Salz verrühren. Den Teig in der Schüssel zugedeckt an einem warmen Ort ca. 2 Std. gehen lassen.

**3** Die Walnusskerne fein hacken. Mit den Trockenfrüchten samt Saft und dem Honig unter den Teig kneten. Den Teig in die Formen füllen und nochmals ca. 15 Min. gehen lassen. Den Backofen auf 180° (Umluft 160°) vorheizen.

**4** Die Brote im heißen Ofen (Mitte) ca. 30 Min. backen. 10 Min. in der Form stehen lassen, dann herauslösen und komplett abkühlen lassen. Die Früchtebrote einzeln in Alufolie packen und vor dem Anschneiden mindestens 1 Woche an einem kühlen Ort durchziehen lassen.

### UND DAZU?

Die Schale von 1 gewaschenen Bio-Orange fein abreiben. 150 g Sahne mit 1 Päckchen Vanillezucker steif schlagen. 2 TL Mandelmus (Naturkostladen) mit der Orangenschale und ½ TL Lebkuchengewürz unter die Sahne mischen. Zu den Früchtebroten servieren.

### VARIANTE – EXOTISCHE FRÜCHTEBROTE

Nehmen Sie statt normaler Trockenfrüchte 400 g gemischte exotische Trockenfrüchte wie Mangos, Bananen und kandierte Ananas. Diese wie beschrieben klein schneiden, mit der Schale und dem Saft von 1 Bio-Limette und nach Belieben mit 2 EL weißem Rum oder Kokoslikör mischen und ca. 30 Min. marinieren. Statt der Walnuss- verwenden Sie Cashewnusskerne, die Sie vor dem Hacken in einer Pfanne bei mittlerer Hitze unter Rühren etwa 1 Min. goldgelb rösten. Den Hefeteig, wie beschrieben, zubereiten, gehen lassen und backen.

ohne Mehl

## Aprikosen-Mohn-Kuchen

150 g Aprikosenhälften (aus der Dose)
3 Eier (Größe L)
1 Prise Salz
150 g weiche Butter
150 g Zucker
150 g gemahlener Mohn
abgeriebene Schale von ½ Bio-Zitrone
150 g gemahlene Haselnusskerne
2 EL Aprikosenkonfitüre
**Außerdem:**
12 Förmchen von je ca. 100 ml Inhalt

Für 12 Stück
20 Min. Zubereitung | 30 Min. Backen
Pro Stück ca. 330 kcal, 6 g EW, 25 g F, 20 g KH

**1** Den Backofen auf 200° (Umluft 180°) vorheizen. Die Aprikosen abtropfen lassen und in schmale Schnitze schneiden. Die Eier trennen. Die Eiweiße mit dem Salz zu steifem Schnee schlagen.

**2** Die Butter mit dem Zucker cremig rühren. Die Eigelbe nach und nach unterrühren, dann den Mohn, die Zitronenschale und die Nüsse untermischen. Den Eischnee mit dem Schneebesen locker unter die Eigelbmasse heben und die Aprikosen vorsichtig untermischen.

**3** Den Teig in die Förmchen füllen. Die Kuchen im heißen Ofen (Mitte) ca. 30 Min. backen. 10 Min. in der Form stehen lassen und dann herauslösen. Die Aprikosenkonfitüre in einem kleinen Topf etwas erwärmen und die Kuchen damit bestreichen. Danach die Kuchen ganz abkühlen lassen.

machen schnell was her

## Birnen-Walnuss-Kuchen

1–2 Birnen (ca. 300 g)
1 EL Zitronensaft
100 g Walnusskerne
60 g Butter
4 Eier (Größe M) | 1 Prise Salz
100 g Zucker | 125 g Mehl
4 Tropfen Orangenaroma (Backöl)
**Außerdem:**
12 Förmchen von je ca. 100 ml Inhalt

Für 12 Stück
25 Min. Zubereitung | 25 Min. Backen
Pro Stück ca. 190 kcal, 5 g EW, 11 g F, 18 g KH

**1** Die Birnen schälen, vierteln, vom Kerngehäuse befreien, in kleine Würfel schneiden und mit Zitronensaft mischen. Die Walnusskerne fein hacken.

**2** Den Backofen auf 180° (Umluft 160°) vorheizen. Die Butter schmelzen und wieder lauwarm abkühlen lassen. Die Eier trennen. Die Eiweiße mit dem Salz zu steifem Schnee schlagen. Den Zucker nach und nach einrieseln lassen. Die Eigelbe nacheinander unterrühren. Die Butter ebenfalls unterrühren. Das Mehl darüberstäuben und mit den Birnenstückchen, dem Orangenaroma und den Walnüssen locker unter den Teig heben.

**3** Den Teig in die Förmchen verteilen. Die Kuchen im heißen Ofen (Mitte) ca. 25 Min. backen. Anschließend 10 Min. in der Form stehen lassen, dann herauslösen und komplett abkühlen lassen. Besonders fein schmeckt dazu geschlagene Sahne, mit 25 g gehackter Schokolade und etwas Zimt verfeinert.



links: Aprikosen-Mohn-Kuchen | rechts: Birnen-Walnuss-Kuchen

sommerlich

# Johannisbeerkuchen mit Baiser

*Säuerliche Früchte versinken in saftigem Rührteig, und eine luftig-süße Baiserhaube macht aus den Frucht-Minis kleine Lieblingskuchen für Genießer.*

**Für den Teig:**
300 g Rote Johannisbeeren
125 g Butter
3 Eier (Größe M)
80 g Zucker
1 Päckchen Vanillezucker
225 g Mehl
2 TL Backpulver
1 Prise Salz
4 EL Milch
**Für das Baiser:**
1 Eiweiß
1 Prise Salz
50 g Zucker
Puderzucker zum Bestäuben
**Außerdem:**
12 Förmchen von je ca. 100 ml Inhalt

Für 12 Stück
25 Min. Zubereitung | 25 Min. Backen
Pro Stück ca. 230 kcal, 4 g EW, 10 g F, 28 g KH

**1** Die Johannisbeeren waschen und die Beeren mit einer Gabel von den Rispen streifen. Den Backofen auf 180° (Umluft 160°) vorheizen.

**2** Die Butter zerlassen und wieder lauwarm abkühlen lassen. Die Eier mit dem Zucker und dem Vanillezucker in einer Rührschüssel schaumig rühren. Die Butter nach und nach unterrühren. Das Mehl mit dem Backpulver und dem Salz mischen und mit der Milch unterrühren.

**3** Die Hälfte des Teigs in die Förmchen verteilen, die Hälfte der Johannisbeeren aufstreuen. Den restlichen Teig darauf geben, übrige Johannisbeeren aufstreuen (1). Die Kuchen im heißen Ofen (Mitte) zunächst ca. 10 Min. backen.

**4** Inzwischen für die Baisermasse das Eiweiß mit dem Salz steif schlagen. Den Zucker dazugeben und alles weiterschlagen, bis der Eischnee glänzt. Das Baiser in einen Spritzbeutel füllen und die Johannisbeerkuchen damit verzieren (2).

**5** Die Küchlein wieder in den Ofen schieben und weitere 15 Min. backen, bis das Baiser leicht gebräunt ist. Die Kuchen 10 Min. in den Förmchen stehen lassen, dann herauslösen und komplett abkühlen lassen. Nach Belieben vor dem Servieren mit Puderzucker bestäuben.

### SPEED-TIPP
Wenn es mal ganz schnell gehen soll, lassen Sie das Baiser weg und bestäuben die abgekühlten Küchlein vor dem Servieren nur dick mit Puderzucker.

### TAUSCH-TIPP
Auch mit frischen oder TK-Himbeeren oder Heidelbeeren schmecken die Kuchen prima.

1

2

3

frühlingsfrisch

## Rhabarbertörtchen

300 g Rhabarber
150 g Zucker | 150 g weiche Butter
3 Eier (Größe M)
225 g Mehl
2 TL Backpulver | 1 Prise Salz
5 EL Milch
1 Eiweiß | 2 Päckchen Vanillezucker
3 EL gemahlene Haselnusskerne
1 Prise Zimtpulver
Puderzucker zum Bestäuben
**Außerdem:**
12 Förmchen von je ca. 100 ml Inhalt

Für 12 Stück
25 Min. Zubereitung | 25 Min. Backen
Pro Stück ca. 260 kcal, 5 g EW, 14 g F, 29 g KH

**1** Den Rhabarber waschen, trocken tupfen, Enden abschneiden, vom unteren Stielansatz aus die Fasern abziehen. Die Stängel in dünne Scheiben schneiden und mit 2 EL Zucker mischen. Den Backofen auf 180° (Umluft 160°) vorheizen. Die Butter mit dem übrigen Zucker cremig rühren. Die Eier einzeln unterrühren. Das Mehl mit Backpulver und Salz mischen und mit der Milch rasch unterrühren.

**2** Für das Baiser das Eiweiß steif schlagen, dabei den Vanillezucker einrieseln lassen. Die Nüsse mit Zimt untermischen. Den Teig in die Förmchen verteilen. Den Rhabarber daraufgeben und die Baisermasse darauf verteilen. Die Kuchen im heißen Ofen (Mitte) ca. 25 Min. backen, 10 Min. in den Förmchen stehen lassen, herauslösen und abkühlen lassen. Vor dem Servieren mit Puderzucker bestäuben.

herbstlich

## Traubenkuchen

250 g kleine, kernlose Weintrauben
1 Vanilleschote
3 Eier (Größe M) | 1 Prise Salz
150 g weiche Butter
125 g Zucker
250 g Mehl | 2 geh. TL Backpulver
1 Prise frisch geriebene Muskatnuss
125 ml trockener Weißwein (oder Traubensaft)
1 TL abgeriebene Bio-Zitronenschale
Puderzucker zum Bestäuben
**Außerdem:**
12 Förmchen von je ca. 100 ml Inhalt

Für 12 Stück
20 Min. Zubereitung | 30 Min. Backen
Pro Stück ca. 240 kcal, 4 g EW, 12 g F, 27 g KH

**1** Den Backofen auf 180° (Umluft 160°) vorheizen. Die Trauben waschen und von den Stielen zupfen. Die Vanilleschote der Länge nach aufschneiden und das Mark mit dem Messerrücken herauskratzen.

**2** Die Eier trennen, die Eiweiße mit dem Salz steif schlagen. Die Butter mit dem Zucker und dem Vanillemark schaumig rühren. Die Eigelbe nach und nach unterrühren. Das Mehl mit dem Backpulver und Muskat mischen und mit dem Wein unter den Teig rühren. Den Eischnee mit den Trauben und der Zitronenschale vorsichtig unterheben.

**3** Den Teig in die Förmchen verteilen. Die Kuchen im heißen Ofen (Mitte) ca. 30 Min. backen. Die Kuchen 10 Min. in den Förmchen stehen lassen, dann herauslösen und komplett abkühlen lassen. Vor dem Servieren mit Puderzucker bestäuben.



links: Rhabarbertörtchen | rechts: Traubenkuchen

Eine
Aufmerksamkeit

# Herzhaft & knusprig

Würzige Mini-Brote aus Hefe- oder Rührteig mit Speck, Kräutern oder Käse sind ideal für Frühstück, Brotzeit oder Picknick. Wer beim Büfett diese Quark-Dinkel-Brote serviert, landet garantiert einen Volltreffer.

# Quark-Dinkel-Brote

½ Würfel frische Hefe (ca. 20 g)
1 TL Honig
1 EL Quark (20 % Fett)
100 g Dinkelmehl (Type 630)
300 g Dinkelvollkornmehl
1 TL Salz
je 1 große Prise gemahlener Koriander und Kümmel (nach Belieben)
**Außerdem:**
12 Förmchen von je ca. 100 ml Inhalt

Für 12 Stück
15 Min. Zubereitung
1 Std. Ruhen | 35 Min. Backen
Pro Stück ca. 120 kcal, 5 g EW, 1 g F, 22 g KH

1 Die Hefe in kleine Stücke krümeln und mit Honig und 300 ml lauwarmem Wasser glatt verrühren. Den Quark mit Mehl, Salz und nach Belieben den Gewürzen in eine Schüssel füllen. Die angerührte Hefe dazugeben und alles mit den Knethaken des Handrührgeräts zu einem glatten, weichen Teig verarbeiten. Den Teig in der Schüssel zugedeckt an einem warmen Ort ca. 1 Std. gehen lassen.

2 Den Teig noch einmal durchrühren und in die Förmchen verteilen. Den Backofen auf 225° (Umluft 200°) schalten. Die Mini-Brote in den kalten Ofen (Mitte) schieben und ca. 35 Min. backen. Die Brote aus der Form lösen und auf einem Kuchengitter komplett abkühlen lassen.

### FRISCHE-TIPP

Machen Sie ruhig mal die doppelte Menge und frieren Sie einen Teil der Brote ein. Dann die Brote in den kalten Backofen schieben und auf 180° aufheizen. Wenn der Ofen die Temperatur erreicht hat, brauchen die Mini-Brote noch ca. 5 Min., dann sind sie servierfertig.

fürs Picknick

# Laugenbrötchen

*Die knusprigen Brötchen mit dem würzigen Laugenaroma schmecken zum Frühstück ebenso gut wie zur Brotzeit oder als Beilage zu Salat oder Fleisch.*

25 g frische Hefe
1 Prise Zucker
400 g Mehl
1 geh. TL Salz
50 g Natron (Backregal)
1 EL grobes Meersalz

**Außerdem:**
12 Förmchen von je ca. 100 ml Inhalt

Für 12 Stück
25 Min. Zubereitung
1 Std. Ruhen | 20 Min. Backen
Pro Stück ca. 115 kcal, 4 g EW, 0 g F, 24 g KH

**1** Die Hefe in kleine Stücke krümeln und mit dem Zucker und 275 ml lauwarmem Wasser glatt verrühren. Das Mehl mit dem Salz in einer Schüssel mischen. Die angerührte Hefe dazugeben und alles mit den Knethaken des Handrührgeräts zu einem glatten, weichen Teig verarbeiten. Den Teig in der Schüssel mit einem Tuch zugedeckt an einem warmen Ort ca. 1 Std. gehen lassen.

**2** Den Teig dann noch einmal durchkneten und mit bemehlten Händen in 12 Portionen teilen. Jeweils zu länglichen Broten formen (1). Den Backofen auf 220° (Umluft 200°) vorheizen.

**3** In einem großen Topf 1 ½ l Wasser mit dem Natron zum Kochen bringen und sprudelnd kochen lassen. Die Brote einzeln mit dem Schaumlöffel in die Lauge geben, untertauchen und ca. ½ Min. kochen lassen. Mit dem Schaumlöffel wieder herausheben (2) und jeweils in 1 Förmchen geben. Die Laibe mit grobem Meersalz bestreuen.

**4** Die Laugenbrötchen im heißen Ofen (Mitte) ca. 20 Min. backen, bis sie aufgegangen und schön gebräunt sind. Dann etwas abkühlen lassen, aus den Formen nehmen und die Brötchen auf einem Kuchengitter ganz auskühlen lassen.

### AUSTAUSCH-TIPP

Wer das Salz auf den Laugenbrötchen nicht mag, streut Mohn- oder Sesamsamen darauf.

### UND DAZU? PIKANTER KÄSEQUARK

100 g würzigen Bergkäse wie Appenzeller oder Greyerzer reiben. 1 kleine rote oder weiße Zwiebel abziehen und fein hacken. Nach Belieben 2 TL Kapern fein hacken. 150 g Quark (20 % Fett) mit 50 g saurer Sahne und 1 TL neutralem Öl verrühren. Käse, Zwiebel und eventuell Kapern untermischen und den Quark mit rosenscharfem Paprikapulver und Salz nach Geschmack würzen.

### VORRATS-TIPP

Die Laugenbrötchen können Sie sehr gut ungebacken einfrieren. Dafür nach dem Bad in der Lauge abtropfen und abkühlen lassen. Ohne Salz nebeneinander auf einem Küchenbrett auslegen und im Gefrierfach so weit vorfrieren, dass sie außen stabil sind. In Gefrierbeutel geben und in den Gefrierschrank legen. Zum Aufbacken gefroren in die Förmchen legen, mit Salz bestreuen und schon beim Aufheizen in den Ofen schieben.

1

2

3

pikant-scharf

# Kürbis-Chili-Kuchen

1 Stück Muskatkürbis (ca. 250 g)
2 rote Chilischoten
1 Zweig Rosmarin
2–3 Stängel Petersilie
3 Eier (Größe M)
80 ml trockener Weißwein (ersatzweise Milch)
200 g Mehl
75 g frisch geriebener Parmesan
3 TL Backpulver | 2 TL Salz

**Außerdem:**
12 Förmchen von je ca. 100 ml Inhalt

Für 12 Stück
30 Min. Zubereitung | 25 Min. Backen
Pro Stück ca. 110 kcal, 6 g EW, 3 g F, 13 g KH

**1** Die Kerne mit dem faserigen Fruchtfleisch aus dem Kürbis schaben. Den Kürbis schälen und fein raspeln. Die Chilischoten waschen, die Stielansätze entfernen und die Schoten mit Kernen fein hacken. Rosmarin und Petersilie waschen und trockenschütteln. Die Rosmarinnadeln von den Stielen zupfen und mit der Petersilie fein hacken.

**2** Den Backofen auf 200° (Umluft 180°) vorheizen. Die Eier trennen. Die Eiweiße steif schlagen. Die Eigelbe mit dem Wein verquirlen. Mehl mit Käse und Backpulver mischen und mit Kürbis, Chili, den Kräutern und Salz unter die Eigelbcreme rühren. Den Eischnee vorsichtig unterheben.

**3** Den Teig in die Förmchen verteilen. Die Kuchen im heißen Ofen (Mitte) ca. 25 Min. backen, bis sie gebräunt sind. 10 Min. in den Förmchen stehen lassen. Dann herauslösen und ganz abkühlen lassen.

deftig-aromatisch

# Speck-Salbei-Kuchen

125 g durchwachsener Speck
1 mittelgroße Zwiebel
1 großer Zweig Salbei
2 TL Öl | Salz
frisch gemahlener schwarzer Pfeffer
100 g Butter
250 g Mehl | 2 TL Backpulver
2 Eier (Größe M)
200 g saure Sahne

**Außerdem:**
12 Förmchen von je ca. 100 ml Inhalt

Für 12 Stück
30 Min. Zubereitung | 25 Min. Backen
Pro Stück ca. 235 kcal, 5 g EW, 17 g F, 16 g KH

**1** Den Speck von der Schwarte und den Knorpeln befreien und klein würfeln. Die Zwiebel schälen und fein hacken. Den Salbei waschen und trockenschütteln, die Blättchen fein schneiden. Speck, Zwiebel und Salbei im Öl in einer kleinen Pfanne bei mittlerer Hitze unter Rühren ca. 5 Min. anschwitzen. Mit Salz und Pfeffer abschmecken.

**2** Den Backofen auf 200° (Umluft 180°) vorheizen. Die Butter schmelzen und lauwarm abkühlen lassen. Mehl mit Backpulver mischen. Die Eier mit der sauren Sahne und 1 geh. TL Salz schaumig rühren. Die Butter und anschließend die Speckmischung untermischen. Das Mehl zügig unterrühren. Den Teig in die Förmchen füllen. Die Kuchen im heißen Ofen (Mitte) ca. 25 Min. backen. Die Kuchen 10 Min. in den Förmchen stehen lassen, dann herauslösen und komplett abkühlen lassen.



Links: Speck-Salbei-Kuchen | rechts: Kürbis-Chili-Kuchen

bleiben lange frisch

## Vollkorn-Walnuss-Brote

½ Würfel frische Hefe (ca. 20 g)
250 g Buttermilch | 1 TL Honig
100 g + 2 EL Walnusskerne
1 TL Koriandersamen
100 g Dinkelvollkornmehl
300 g Roggenvollkornmehl
2 TL Salz | 75 g Sauerteig (Naturkostladen)
**Außerdem:**
12 Förmchen von je ca. 100 ml Inhalt

Für 12 Stück
30 Min. Zubereitung
2 Std. Ruhen | 35 Min. Backen
Pro Stück ca. 195 kcal, 6 g EW, 6 g F, 29 g KH

**1** Die Hefe zerkrümeln. Die Buttermilch lauwarm erwärmen und die Hefe mit Honig darin anrühren. 100 g Walnusskerne fein hacken. Den Koriander in einer Pfanne ohne Fett bei mittlerer Hitze 1–2 Min. rösten, bis er duftet. Im Mörser zerstoßen und mit Mehl, Salz und Nüssen in eine Schüssel geben. Die angerührte Hefe, Sauerteig und ca. 175 ml lauwarmes Wasser dazugeben und mit den Knethaken des Handrührgeräts zu einem weichen Teig verarbeiten. In der Schüssel zugedeckt an einem warmen Ort ca. 2 Std. gehen lassen.

**2** Den Teig durchrühren und in die Förmchen verteilen. Restliche Walnusskerne grob hacken und hineindrücken. Den Backofen auf 200° (Umluft 180°) vorheizen. Ein Backblech unten in den heißen Ofen schieben, 1 Tasse Wasser hineingießen. Die Brote (Mitte) ca. 35 Min. backen. Aus der Form lösen und auf einem Kuchengitter abkühlen lassen.

fürs Büfett

## Oliven-Tomaten-Brote

150 ml Milch
⅓ Würfel frische Hefe (ca. 15 g)
1 TL Zucker | 50 g weiche Butter
1 Ei (Größe M) | 1 Eigelb
250 g Mehl | 1 TL Salz
2 Frühlingszwiebeln
100 g entsteinte, grüne Oliven
100 getrocknete, in Öl eingelegte Tomaten
½ TL grüne Pfefferkörner (aus dem Glas)
4 Zweige Thymian | 2 EL Pinienkerne
**Außerdem:**
12 Förmchen von je ca. 100 ml Inhalt

Für 12 Stück
30 Min. Zubereitung
1 Std. Ruhen | 25 Min. Backen
Pro Stück ca. 185 kcal, 4 g EW, 11 g F, 17 g KH

**1** Die Milch lauwarm erhitzen. Hefe zerkrümeln und mit Zucker in der Milch auflösen. Die Butter schaumig schlagen, Ei und Eigelb unterrühren. Hefe, Mehl und Salz zugeben und alles zu einem glatten, weichen Teig verkneten. Zugedeckt an einem warmen Ort ca. 1 Std. gehen lassen.

**2** Den Backofen auf 200° (Umluft 180°) vorheizen. Die Frühlingszwiebeln waschen, putzen und mit dem Grün in Ringe schneiden. Oliven und Tomaten abtropfen lassen, mit dem Pfeffer klein schneiden. Thymian waschen, trockenschütteln, die Blättchen abstreifen. Zwiebeln, Oliven, Tomaten, Pfeffer und Thymian mit dem Teig mischen und in die Förmchen geben. Pinienkerne aufstreuen und andrücken. Die Brote im Ofen (Mitte) ca. 25 Min. backen. 10 Min. in den Förmchen abkühlen lassen.



links: Oliven-Tomaten-Brote | rechts: Vollkorn-Walnuss-Brote

idealer Snack

## Kartoffelkuchen

300 g vorwiegend festkochende Kartoffeln
100 g gekochter Schinken
100 g mittelalter Gouda
80 g weiche Butter
4 Eier (Größe M)
125 g Mehl
1 TL edelsüßes Paprikapulver
½ TL rosenscharfes Paprikapulver
½ TL frisch gemahlener schwarzer Pfeffer
2 TL Salz
**Außerdem:**
12 Förmchen von je ca. 100 ml Inhalt

Für 12 Stück
40 Min. Zubereitung | 30 Min. Backen
Pro Stück ca. 160 kcal, 8 g EW, 9 g F, 11 g KH

**1** Die Kartoffeln mit Schale in Wasser zugedeckt weich kochen. Abgießen, etwas ausdämpfen lassen, schälen und heiß durch die Kartoffelpresse drücken. Abkühlen lassen. Den Backofen auf 200° (Umluft 180°) vorheizen.

**2** Schinken und Käse in kleine Würfel schneiden. Die Butter cremig schlagen, die Eier einzeln unterrühren. Das Mehl mit den Gewürzen und dem Salz mischen und mit den Kartoffeln unter die Buttermasse rühren, Schinken und Käse unterheben.

**3** Den Teig in die Förmchen verteilen. Die Kuchen im heißen Ofen (Mitte) ca. 30 Min. backen, bis sie aufgegangen und gebräunt sind. 10 Min. in den Förmchen stehen lassen. Dann herauslösen und lauwarm oder ganz abkühlen lassen. Mit einem knackigen Salat wird daraus eine kleine Vorspeise.

mediterran

## Zucchinikuchen

150 g junge Zucchini | Salz
2 Knoblauchzehen | 4 Zweige Minze
1 TL grüne Pfefferkörner (aus dem Glas)
100 g Schafskäse (Feta)
225 g Mehl | 2 TL Backpulver
2 Eier (Größe M)
80 ml Olivenöl | 200 g saure Sahne
abgeriebene Schale ½ Bio-Zitrone
**Außerdem:**
12 Förmchen von je ca. 100 ml Inhalt

Für 12 Stück
30 Min. Zubereitung | 25 Min. Backen
Pro Stück ca. 170 kcal, 5 g EW, 10 g F, 15 g KH

**1** Die Zucchini waschen, von den Enden befreien, grob raspeln, mit 1 TL Salz mischen und 10 Min. stehen lassen. Den Backofen auf 200° (Umluft 180°) vorheizen. Den Knoblauch schälen und fein hacken. Die Minze waschen und trockenschütteln, die Blättchen abzupfen und fein hacken. Die Pfefferkörner klein schneiden. Den Schafskäse in Stücke krümeln. Das Mehl mit Backpulver und 1 TL Salz mischen.

**2** Die Flüssigkeit, die sich bei den Zucchini gebildet hat, abgießen. Die Eier mit Öl und saurer Sahne gründlich verrühren. Mehlmischung, Zucchini, Knoblauch, Minze, Pfeffer, Zitronenschale und Käse rasch unterrühren. Den Teig in die Förmchen verteilen. Die Kuchen im heißen Ofen (Mitte) ca. 25 Min. backen, bis sie schön gebräunt sind. Die Kuchen 10 Min. in den Förmchen stehen lassen, dann herauslösen und ganz abkühlen lassen. Reichen Sie dazu ein Schälchen feinstes Olivenöl zum Dippen.



links: Zucchinikuchen | rechts: Kartoffelkuchen

schmecken warm und kalt

# Pizza-Brote

*Hier sind die Pizza-Zutaten nicht auf, sondern im Teig. Sie machen die Brote schön saftig und verleihen ihnen ein wunderbares Italien-Aroma.*

1/3 Würfel frische Hefe (ca. 15 g)
1 Prise Zucker | 1 EL Olivenöl
250 g Mehl
1 geh. TL Salz
1 Tomate
125 g Mozzarella
2 EL entsteinte grüne Oliven
2 getrocknete, in Öl eingelegte Tomaten
100 g gekochter Schinken
1/2 Bund Basilikum
4 EL frisch geriebener Parmesan
**Außerdem:**
12 Förmchen von je ca. 100 ml Inhalt

Für 12 Stück
30 Min. Zubereitung
1 Std. Ruhen | 25–30 Min. Backen
Pro Stück ca. 135 kcal, 7 g EW, 5 g F, 15 g KH

**1** Die Hefe in kleine Stücke krümeln und mit Zucker, Olivenöl und ca. 200 ml lauwarmem Wasser glatt verrühren. Das Mehl mit dem Salz in einer Schüssel mischen. Die angerührte Hefe dazugeben und alles mit den Knethaken des Handrührgeräts zu einem glatten, weichen Teig verarbeiten. Den Teig in der Schüssel zugedeckt an einem warmen Ort ca. 1 Std. gehen lassen.

**2** Kurz vor Ende der Ruhezeit die Tomate waschen, vom Stielansatz befreien und in kleine Würfel schneiden. Mozzarella, Oliven, getrocknete Tomaten und Schinken ebenfalls klein schneiden. Das Basilikum waschen, trocken schütteln, die Blättchen abzupfen und in Streifen schneiden.

**3** Den Backofen auf 220° (Umluft 200°) vorheizen. Die gewürfelten Zutaten mit dem geriebenen Parmesan unter den Teig mischen und den Teig portionsweise in die Förmchen verteilen.

**4** Die Pizza-Brote im heißen Ofen (Mitte) 25–30 Min. backen, bis sie schön aufgegangen und gebräunt sind. Die Brote ca. 10 Min. stehen lassen, dann herauslösen und warm oder abgekühlt essen. Dazu schmeckt Blattsalat besonders gut.

### VARIANTE – ARTISCHOCKEN-PAPRIKA-BROTE

Aus Hefe, Zucker, Olivenöl, Mehl, Salz und Wasser den Teig wie beschrieben zubereiten. 100 g Artischockenherzen und 100 g gehäutete Paprikaschoten (beides aus dem Glas) würfeln. 2 Knoblauchzehen schälen und fein hacken. 100 g jungen Pecorino in kleine Würfel schneiden. Alle Zutaten mit 1 kräftigen Prise frisch gemahlenem schwarzem Pfeffer unter den Teig mischen, in die Förmchen füllen und wie beschrieben backen.

### VARIANTE – KÄSE-BROTE

Aus Hefe, Zucker, Olivenöl, Mehl, Salz und Wasser den Teig, wie beschrieben, zubereiten. Je 100 g Blauschimmelkäse und mittelalten Pecorino in kleine Würfel schneiden. 4 Zweige Thymian waschen und trocken schütteln, von den Stielen streifen. Alle Zutaten mit 2 TL Kapern und 1 Prise Chilipulver unter den Teig mischen, in die Förmchen füllen und wie beschrieben backen.

**Zum Gebrauch**
Damit Sie Rezepte mit bestimmten Zutaten noch schneller finden können, stehen in diesem Register zusätzlich auch beliebte Zutaten wie **Mandeln** und **Schokolade** – ebenfalls alphabetisch geordnet und **hervorgehoben** – über den entsprechenden Rezepten.

### Unsere Garantie

Alle Informationen in diesem Ratgeber sind sorgfältig und gewissenhaft geprüft. Sollte dennoch einmal ein Fehler enthalten sein, schicken Sie uns das Buch mit dem entsprechenden Hinweis an unseren Leserservice zurück. Wir tauschen Ihnen den GU-Ratgeber gegen einen anderen zum gleichen oder ähnlichen Thema um.

### Liebe Leserin und lieber Leser,

wir freuen uns, dass Sie sich für ein GU-Buch entschieden haben. Mit Ihrem Kauf setzen Sie auf die Qualität, Kompetenz und Aktualität unserer Ratgeber. Dafür sagen wir Danke! Wir wollen als führender Ratgeberverlag noch besser werden. Daher ist uns Ihre Meinung wichtig. Bitte senden Sie uns Ihre Anregungen, Ihre Kritik oder Ihr Lob zu unseren Büchern.
Haben Sie Fragen oder benötigen Sie weiteren Rat zum Thema? Wir freuen uns auf Ihre Nachricht!

**Wir sind für Sie da!**
Montag–Donnerstag:
8.00–18.00 Uhr;
Freitag: 8.00–16.00 Uhr
Tel.: 08 00/7 23 73 33
Fax: 08 00/5 01 20 54
(kostenlose Servicenummern)
E-Mail:
leserservice@graefe-und-unzer.de

**P.S.:** Wollen Sie noch mehr Aktuelles von GU wissen, dann abonnieren Sie doch unseren kostenlosen GU-Online-Newsletter und/oder unsere kosten losen Kundenmagazine.

**GRÄFE UND UNZER VERLAG**
Leserservice
Postfach 86 03 13
81630 München



**Projektleitung:** Melanie Haizmann
**Lektorat:** Petra Puster
**Korrektorat:** Mischa Gallé
**Layout, Typografie und Umschlaggestaltung:** independent Medien-Design, Horst Moser, München
**Satz:** Liebl Satz+Grafik, Emmering
**Herstellung:** Sigrid Frank
**Reproduktion:** Repro Ludwig, Zell am See

Printed in China

**Syndication:**
www.jalag-syndication.de

ISBN 978-3-8338-2840-9
4. Auflage 2013

www.facebook.com/gu.verlag

GRÄFE UND UNZER
*Ein Unternehmen der*
GANSKE VERLAGSGRUPPE

## Die Autorin

**Cornelia Schinharl** hat ihre Liebe zum Essen und Trinken zum Beruf gemacht. Seit vielen Jahren bringt sie ihren Erfahrungsschatz als freie Food-Journalistin und Kochbuchautorin zu Papier und hat dafür schon zahlreiche Auszeichnungen bekommen.

## Der Fotograf

**Wolfgang Schardt** fotografiert in seinem Studio in Hamburg Food, Stills und Interieur für Magazine wie FEINSCHMECKER, für Verlage und Werbung. Assistiert von Nadja Walger setzte er auch die Mini-Kuchen ins rechte Licht, für das Styling war Susanne Walter verantwortlich.

## Bildnachweis

Titelfoto: Eising FoodPhotography (Martina Görlach), München; alle anderen Fotos: Wolfgang Schardt, Hamburg

## Titelbildrezept

Schokoladenkuchen (S. 8)

Die Temperaturangaben bei Gasherden variieren von Hersteller zu Hersteller. Welche Stufe Ihres Herdes der jeweils angegebenen Temperatur entspricht, entnehmen Sie bitte der Gebrauchsanweisung. Bei Elektroherden können die Backzeiten je nach Herd variieren.

# Appetit auf mehr?

ISBN 978-3-8338-0862-3

ISBN 978-3-8338-0656-8

ISBN 978-3-8338-0998-9

ISBN 978-3-8338-0313-0

ISBN 978-3-8338-2393-0

ISBN 978-3-8338-2390-9

e Auch als eBook erhältlich.

Mehr von GU auf www.gu.de und
facebook.com/gu.verlag

GU
Willkommen im Leben.

# Mini-Kuchen schön verziert

*Viele der Mini-Kuchen sehen noch hübscher aus, wenn sie mit Kuvertüre oder Glasur überzogen werden und eine feine Deko bekommen.*

**Schokoladenkuvertüre** Damit die Kuvertüre schön glänzend und nicht stumpf wird, darf sie beim Schmelzen nicht zu heiß werden. 150 g Kuvertüre fein hacken, 50 g davon beiseitestellen. Die restliche Kuvertüre in eine Metallschüssel geben und über das heiße Wasserbad stellen. Unter Rühren schmelzen, aber auf keinen Fall über 50° erhitzen. Die Schüssel vom Wasserbad nehmen und die restliche Kuvertüre darin auflösen. Etwas abkühlen lassen, dann nochmals auf ca. 30° erhitzen.

**Bunte Glasur** Für eine Puderzuckerglasur brauchen Sie auf 100 g Puderzucker gut 1 EL Flüssigkeit. Für eine helle Glasur nehmen Sie dafür Zitronen- oder Orangensaft, für eine rosa Glasur Himbeer- oder Erdbeersaft. Für grüne oder gelbe Töne geben Sie tropfenweise Lebensmittelfarbe an die Glasur.

**Schokoladenblätter** Hübsch geformte Rosenblätter kurz kalt abspülen und trocken tupfen. Die Blätter am Stiel fassen, mit der Unterseite in die temperierte Kuvertüre tauchen und am Blatt fest werden lassen. Blätter vorsichtig abziehen. Dunkle Schokoblätter sehen besonders hübsch auf Kuchen aus, die mit heller Kuvertüre überzogen wurden.

**Figuren ausstechen** Geschmolzene Kuvertüre knapp ½ cm dick auf Pergamentpapier verstreichen und trocknen lassen. Dann mit kleinen Ausstechern Figuren ausstechen. Oder Marzipanrohmasse mit Lebensmittelfarbe verkneten, auf Puderzucker knapp ½ cm dick ausrollen und ausstechen.

**Muster spritzen** Die Kuvertüre schmelzen. In einen Spritzbeutel oder in eine gedrehte Papiertüte (siehe Tipp) füllen. Pergamentpapier oder Alufolie auf die Arbeitsplatte legen und mit der Kuvertüre feine Gitter, Kreise oder andere beliebige Muster auf die Folie spritzen. Trocknen und fest werden lassen, dann vorsichtig abheben.

**Puderzucker-Muster** Puderzucker und Kakaopulver können Sie ganz einfach durch ein Sieb gleichmäßig auf die Kuchen streuen. Noch schöner sind Muster. Dazu z. B. dünne Papierstreifen rautenförmig auf den Kuchen legen. Puderzucker darüberstäuben und die Streifen vorsichtig wieder abheben. Oder die Kuchen zuerst mit Puderzucker bestäuben, dann eine beliebig geformte Schablone ausschneiden, darauflegen und die freie Fläche mit Kakaopulver bestreuen.

### TIPP – SPRITZTÜTCHEN SELBER MACHEN

Als Spritztütchen einen Gefrierbeutel nehmen. Kuvertüre oder Glasur einfüllen, eine kleine Ecke abschneiden und die Masse durch diese Öffnung auf die Kuchen spritzen. Oder ein Stück Pergamentpapier (15 cm x 15 cm) diagonal halbieren. Dieses Dreieck wie eine Tüte aufrollen, die Spitze soll möglichst geschlossen sein. Den oberen Rand für mehr Halt nach innen klappen. Dieses Tütchen mit der Masse füllen und dann ebenfalls an der Spitze ein Eckchen abschneiden.